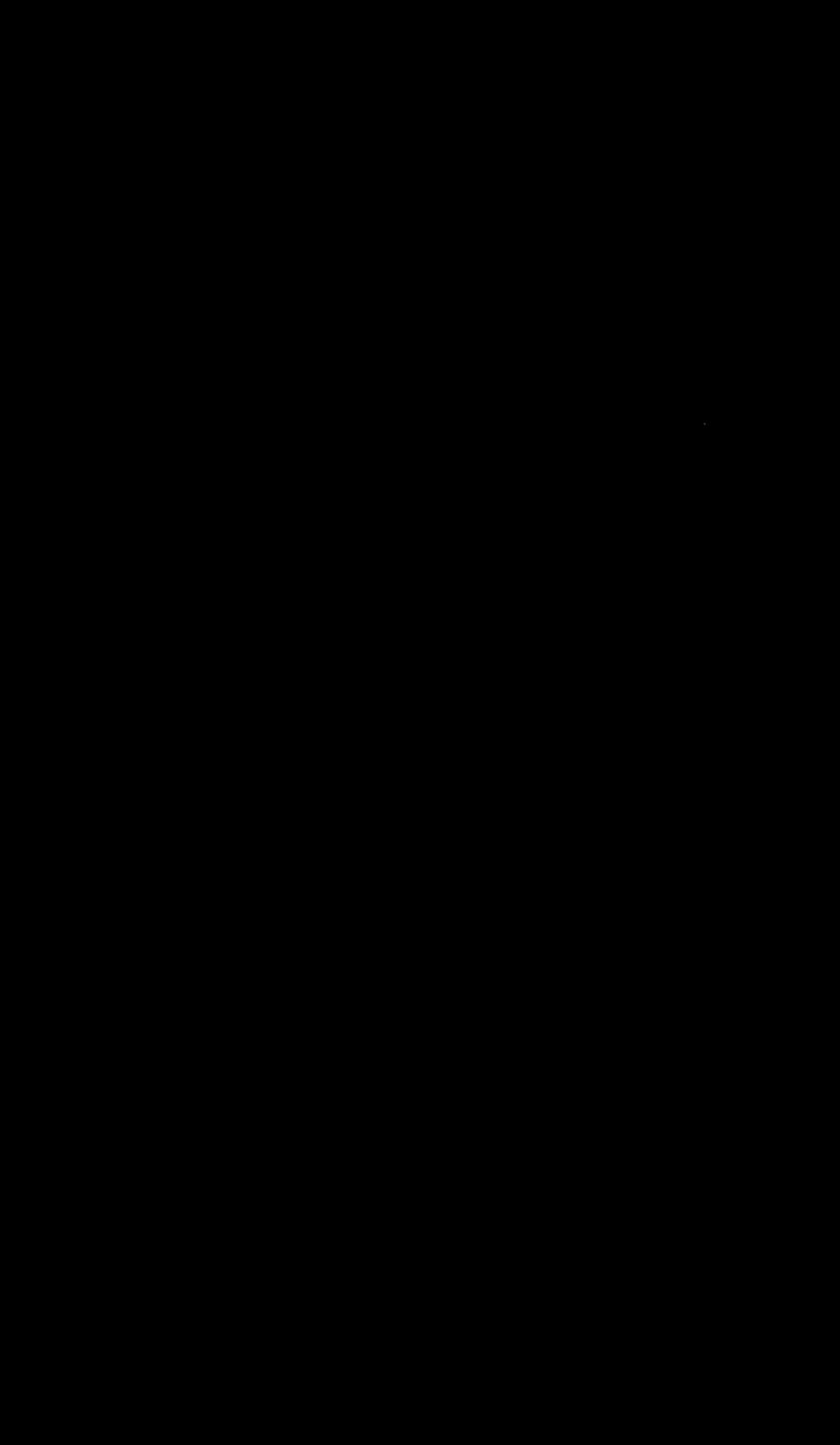

닮은 건 모두 아프고 달리아꽃만 붉었다

권기덕

시인의 말

꿈에서
'보고 싶다는 말'이
단단한 돌처럼 굳어져
꿈 밖으로 나왔더니
커다란 알이 되었다
알에서 태어난 새는 걷다가,
헤엄치다가
때로는 하늘을 날아다녔다
이생은 이미 죽은 나의 아름다운 길이었다

2025년 여름

권기덕

닮은 건 모두 아프고 달리아꽃만 붉었다

차례

1부 낙화만 보고 온다

위미	11
영주	13
문경	14
물러진다	16
밀주	18
재재거리다	20
죽은 친구가 살던 동천역에 갔다가 외면했던 첫사랑이 떠올라 그냥 지나친 해 질 녘의 풍경	22
그라시아	25
6월 32일	28
몸속의 봄	30
회신	32
겨울 한창	34
회전 속에서	36

2부 거기 없는 사람의 이름을 부르면

키링의 시간	41
저녁달	42
수목장	44
마지막 경청	46
첫사랑	48
길 잃은 나와 어떤 이름의 여행	50
저문 뒤에야 찾아온 사람	52
해후	54
오르골	56
우동을 먹다가	58
구멍에 내리는 비는 미래를 삼킨다	60
부재의 노래	62
은풍	64
접시꽃이 흔들릴 때 잊었던 죽음의 시차	66
아무렇지 않은 매일매일	68

3부 사랑하기 위해 만났다가 이별하기 위해 떠난다

예천	73
모래북	74
입석	76
겨울의 판화	78
물체의 빛	80
미래의 인사	82
데칼코마니	84
화점	86
무른 감정의 무늬	88
손으로 둘러싸인 어떤 몸의 교신들	90
장마	93
노을이 흐르는 모자	96
맹그로브	98

4부 우리는 모두 어떤 울음이 될 테니까

물의 역광	103
여우비	104
달콤한 물	106
유목의 밤	108
메아리가 돌아오는 시간	111
떠다니는 냄새	114
헤엄치는 건반들	116
겨울 해변의 늪	118
안동 사람	120
물결 의자	122
서우	124
인도 사람	126
부레	128
채도의 부력	130

해설

유령의 심장 속에 갇힌 너의 이름은	132

―김익균(문학평론가)

1부
낙화만 보고 온다

위미

파도 소리에 잠이 들면
집이 사라지고 울타리에 장미꽃이 핀다

울음소리는 담벼락 아래 그림자를 세워 놓고 겨울 한낮을 보낸다

방명록을 본다
지난 생의 빛에 대해 생각한다

사과 바구니에 사과만큼 돌이 가득 차고 사과 향이 난다
돌에서 얼어붙은 귀가 쫑긋하고 꼬리가 살랑살랑
문득 죽었던 나에게 묻는다
너는 개가 되기 위해 다시 태어났니?

전생의 서사를 덮고 복벽을 민다
기울어지면 잘 보일까?

돌에서 털이 돋아나고 발톱이 자란다
눈이 내리기 시작한다
영원히 꿈꿀 것 같은 이름에서 아픈 천사의 독백이
들려온다

한참 동안 골목을 거닐고 돌아온 뒤
대문 앞에서 책을 읽는다
책은 자꾸만 시간을 뒤섞는다
모르는 집 앞을 기웃거리게 한다
지구를 떠난 사람이 생각났고 댓바람이 불었다

미래에서 내 목소리가 들려온다
대문을 열면 왠지 마당에 있던 사과 바구니에서
개가 내 이름을 부를 것 같았다

살았던 길을 다시 떠도는 중이었다

영주

영주라는 여자를 영주에서 사랑하게 된 시절, 그곳의 여름은 이름을 잊어버리기 좋았다. 비가 쏟아졌다가 그치면 낯선 거리는 사과 냄새로 가득했다. 도심의 꽃동산 로터리에선 일상적 접촉 사고가 잦았다. 도시의 이름을 가진 사람과의 경계는 흘러내리기 편했지만, 쉽게 서로의 삶을 간섭했다. 주택가의 능소화들은 유난히 환했고 수줍게 잘 떨어졌다. 골목을 빠져나오면 나는 서로의 마음을 통과했다고 느꼈지만, 영주는 그저 영주를 지나갔고 끝없는 끝이 아스팔트를 슬쩍 적신다고 생각했다. 며칠 동안 폭우가 쏟아졌고 강둑 아래 영주의 집이 물에 잠겼다. 그날 이후 영주는 내가 살던 안동에 와서도 어색했고 개강을 한 대구에서도 형식적인 인사만 했다. 영주가 보고 싶으면 영주에 가서 없는 영주를 찾아 길을 헤맸다. 그러다 영주역 근처에서 나를 미행하던 죽은 내 손에는 곪은 자두가 수줍게 웃었다. 계절이 찾아올 때마다 시작되는 사랑이 영원했다.

문경

　5월의 바람은 가늘고 길었다. 석탄 냄새로 가득했다. 길 위에서 자꾸만 연락이 두절되던 친구가 문경의 외지인마냥 무심하게 날아다녔다. 과자 도매업을 하던 사람들을 따라 1.5톤 트럭 지붕에 내려앉아 하루를 떠다녔다. 길 잃은 마네킹에게 옷을 입혀 주기도 했다. 빚 때문에 말을 잇지 못하는 사람의 눈빛은 3월의 봄빛보다 수줍었다. 뽕짝 기분은 슈퍼와 슈퍼 사이 거리만큼 바람이 부는 것, 늘어진 테이프에서 흐르는 노랫말과 골목의 흐느적거림, 비가 오지 않아도 빗소리가 났다. 철공소를 지날 땐 철과 철이 불꽃을 튀겼고 이별의 말을 기록했다. 어느새 달려간 영강 둑에 차를 세워 놓고 신문지로 꽃을 접는 일, 죽은 사람의 목소리를 잡던 손길, 가끔은 이미 강물에 던져 버린 것, 번지거나 흐드러진 것들이 연둣빛에서 초록빛으로 변해 갔다. 불꽃이 타올랐다. 나는 조용히 트럭 주변에서 석탄재처럼 흩날렸다. 아무도 사랑하지 않았다. 아무도 이별할 수 없었다. 쑥 냄새가 났다. 비 내리는 불꽃 속에서 사람들은 그저 웃기만 했다. 다음 생에서 나를 만났던 사람처럼, 나보다 나를 잘 안다는 듯이. 먹구름에 빛 하나가 스며들 때마다 공중으로 죽은 사람들이 하나둘 뛰어내렸다.

물러진다
―객귀물림

염천 길가의 화분이 부서졌다
게발선인장이 가득했다

가시를 돋보이게 하다, 덜컥 내려앉는다
프로타주 기법은 내가 살았던 세상을 검은 밤으로 뒤덮는다
송곳으로 전나무 숲을 그려 본다

뾰족한 숲속에서 여름의 기다림
여름 속에서 뾰족한 숲의 거닐음
어느 쪽이 더 아플까?

탱자나무 울타리에서 시래기를 건네준다
이웃의 손은 유독 따스했다
그런 날의 뭇국에는 할머니의 불경 소리가 떠다녔다

가시가 커지면 뿔이 된단다

고등어를 먹다가 삼킨 가시는 점점 커지고 내 귓가를 맴도는 할머니의 주문과 식칼 소리에 놀라 창문에서 무당벌레가 뛰어내린다

식칼에 흐르는 소금물에는 바다 냄새가 난다
해조류가 넘실거리고 미역 줄기가 물고기 하나를 친친 감으면 내가 나를 긁는 것이라며 할머니는, 곧 뿔이 불로 흘러내린다고 했다

하지만, 내 심장은 날 선 이름들을 기억한다
세상의 모든 가시들은 먼 생을 되돌아 몰락한 새 떼의 울음소리로 온다

더 이상 아프지 않아 더 아팠다

밀주

 붉은 벽돌이 촘촘한 바닥, 닮음에는 우주의 빛이 있다. 고구마 줄기를 곱게 벗겨 놓은 붉은 암호 소쿠리와 초록 안테나를 오똑 세운 호박 그늘, 은빛 비행 돗자리에서 손님을 기다리는 노파의 구부정한 엉덩이, 전깃줄이 아무렇게나 얽혀 있던 옛 골목의 공중에는 둥근 발을 가진 우주새가 날아다녔을 것이다.
 깨진 창문에 비친 겨울나무 뒤에서 해바라기를 잔뜩 껴안고 돌아온다. 사람은 부서진 쟁반을 보며 꽃이 활짝 피었네, 술을 부어 준다. 고독한 누룩 냄새, 우주의 미아처럼 떠돌다가 겨울 늪의 빙판에서 한참을 머물다 온다. 고니는 물 아래 잠든 물고기의 형상을 그린다.
 단층 옥상에 엎어 놓은 고무 통의 발광은 행성보다 옅다. 너의 취한 말에는 꿈보다 이곳이 더 우주 같았다. 가을비가 내리는 우주에서 처마 밑 젖은 바닥에 앉는다. 책을 읽으면 죽은 개가 다시 짖고, 낙엽에서 연둣빛 잎맥이 보인다. 나무들이 둥둥 떠올라 우주인이 된다.
 우리의 오해와 사랑은 어떤 시간의 날실과 씨줄에서 만날까? 철조망에 걸어 놓고 가 버린 우산 하나, 개명했던 너의 옛 이름을 부르자 소나기가 쏟아진다. 둥둥 떠다니는 문들, 문을 열면 차오른 달이 빠져나오려 해, 다시 너를 묻고 돌아오는 밤길에 닮은 건 모두 아프고 달리아꽃만 붉었다.

재재거리다

옆에 없는 사람과 찍은 사진을 오랫동안 응시한다
사람의 옆모습은 융기 해안

해변에서 함께 걷자, 여름에 친해졌다가 가을에 열병을 함께 얻은 너의 문장을 반복해서 쓴다

몸이 둥둥 떠오른다
다시 툭 어느 길섶에 떨어진다

취나물 캐던 할머니가 화들짝 놀라며 얼른 차려 주시던 묵은지 소반처럼

가뭇없이 피는 자운영꽃 옆에 밤새 엎드렸던 죽은 곤충과 그림자의 흔적들

이유를 알 수 없는 이유
마음을 알 수 없는 마음

바다 위에 내리는 봄눈처럼 영면할 때
옆으로 가는 나무의 바람과 옆으로 가는 시간들
옆을 보여 주기 위해 죽은, 새의 안밀安謐

빗속의 해안가를 거닐다가 우산을 건넨다
사람은 에움길처럼 느껴진다
'첫사랑이 누구였을까?'

누군가에겐 끝이었을 옆에서 고드름처럼, 유폐된 기억처럼
　너는 지옥에서만 꽃으로 살고 싶다고 했다

　입이 사라진 사람들의 긴 행렬이 보였다
　공중에서 독주를 마셨다

죽은 친구가 살던 동천역에 갔다가 외면했던 첫사랑이 떠올라 그냥 지나친 해 질 녘의 풍경

1

목이 흰 새가 긴 부리로 피라미를 낚아챈다
바들바들 떨리는 공중의 비늘들
물 위를 써내려가는 꽃잎 하나

나는 그때 하늘을 날고 있었다

봄날이 되면 삼계탕을 먹다가
껍데기를 건네주던 사람
껍데기 모양의 구름 사진을 전송한다

오랫동안 쌓아 온 감정의 질문들을
가로수 빛으로 말한다
어제는 훨씬 푸르고
멀어질 거리에서의 몸짓은 자유롭다

누구나 불현듯 죽음으로 가 버린다

사랑하는 사람에게 고백하러 간다
그 골목 끝에 작은 수선화꽃을 본다

순한 사람에겐 순한 여름이 어울리고
그런 이름으로 태어난다
고백한 사람이 없는 줄 알았는데
고백했던 사람만 있다

주택과 주택 사이
외면했던 말들이 검은 물줄기처럼 흐른다

2
친구와 함께 알고 지냈던 너는
유학했던 영국의 가을 하늘과
공원에서의 샌드위치를 말하곤 했다

나는 네가 미래에서 먼저 왔다고 믿었다

말을 더듬거리며 나의 취미를 말했을 때
너는 더듬거리는 말로 웃었다

이상한 웃음소릴 이해하는 사람과
선뜻 소주로 습한 대구의 이름을 잊는다
그 친근함 뒤에 찾아온 불편한 말이
불안한 날씨 속 밀항의 노래로 떠돈다

이 세계 사람들이 한 번도
닿은 적 없던 길 위에 천천히 내려간다
공중전화 부스 수화기를 들면
이미 그곳에서 나를 기다렸던 너의 목소리

내가 나를 부르는 것 같고
심장과 깃털이 수평을 이루는 유리창에는
바람 때문에 어느 한쪽이 조금씩 기운다
울고 싶다는 말이 보고 싶다는 말과 닮아
자꾸 입속에서만 맴돈다

그라시아

창백한 말들은 보랏빛
도란테스의 오로브로이Orobroy 피아노 선율
겨울을 기다리다 봄이 먼저 와 버린다

사람에겐 큰 우산이 필요하다
그 우산 아래 울다가 지쳐 봉분 하나가 깨어난다
스페인 그라시아 거리의 여행 사진이 벽면 곳곳에 전시된다

봄비 속에서 가을빛의 눈을 가진다
사람의 손은 참 따스했었지
복학을 준비하던 친구와 나는 늘 그라시아 거리를 상상했었다

햇살이 잘 드는 모퉁이 창가
상점마다 서로 다른 불빛 사이로 비친 그림자들
가정집에서 흘러나오는 해산물 빠에야 냄새와 길거리 음악 라 룸바

쓸쓸함이 머물 수 있는 작은 벤치

우리가 머문 자리는 누군가 오랫동안 상상했던 곳입니다

지금은 사라진 '그라시아' 커피숍
그 아래 팔짱을 낀 채 지나가는 노부부

맞은편 1층 꽃집에서는 데이지꽃 화분이 아름다운 집을 상상한다
아름다운 사람을 상상하고
아름다운 죽음을 상상한다
아름다움은 낯설었지만 낯섦은 더 아름다웠다

그라시아의 광원光源은 너무 많아서 처음부터 그림자가 없었다
그녀의 죽음은 낯설었고 우리는 그라시아에 가기 위해 호프집 아르바이트를 했다

데이지꽃 볼 때마다 눈물을 훔치면서, 함께 좋아하면서

6월 32일

포춘쿠키는 오늘이란 이름을 상상한다
오늘을 먹고도 남은 오늘을 기다린다

미래를 미리 말해 줄까?

새로운 일이 시작될 때의 문장은 늘 강한 자석
비 오는 날에만 나타나던 사람이 비 오는 날 나타난다
몸에서도 비가 내려요,
온통 젖은 것들로 가득해진 그녀가 걸어간다
능소화가 툭 툭, 그러다 왈칵 쏟아진다

눈매가 온화한 해바라기에는 흰나비가 내려앉는다

  뒤를 보라고 뒤를 자꾸만 봐 달라며 소멸하는 별들의 계절
  여름 언덕을 내려가면 다시 여름이 시작되고 오래전 죽은 사람들이 모여 콩국수를 함께 먹는다

운세는 사람과 사람을 동시에 만나 갈대숲에서 길을 잃는다
오늘이 지나가는 골목에서 오늘을 잊어버린다
감정들은 모두 상실된다

젖은 날개로 뛰어든 민물가마우지가 낚아챈 물고기는 부재의 문장이었다

수면에서 없는 사람들을 부르면 달력에 없는 날들이 슬프거나 아팠다

몸속의 봄

 봄이 오면 죽은 내 몸속에는 잎이 채 돋지 않은 앙상한 가로수와 버스 표지판, 그리고 가림막 달린 벤치가 생긴다. 봄이 자라는 걸까? 현재와 과거가 교차하는 수많은 주름이 나무껍질처럼 선명해진다. 선명해진 주름 사이에서 봄빛은 짙게 어둠을 설명한다. 어둠은 가끔 검은 털로 변해 듬성듬성 어색한 상처처럼 보인다. 나는 그 털들이 생각보다 보슬보슬하고 은밀해서 얼굴이 붉어지곤 했다. 나무가 짐승으로 변해 갈지도 몰라요. 내 가슴 언저리에 정차하는 버스는 죄인의 슬픈 누명, 누명에서 내린 사람은 버스 표지판에 기댄 채 풍선을 분다. 버스는 계속 정차하고 똑같은 사람이 반복해서 가로수 아래 터질 듯 부풀어 오른 봄을 기다린다. 담운이 담요가 될 일은 없지만, 가로수에 봄꽃은 피지 않고 털만 가득했다. 자화상에 원숭이를 함께 그린 프리다는 거울에 둘러싸여 지냈다고 했다. 거울 속 담채화의 말투에는 담홍색 물이 고인다. 부서진 마음은 꽃초롱나무 꽃처럼 매일 피어 작은 종소리가 울렸으면 좋겠다. 나는 육체노동이 한창인 봄날의 학교 운동장에서 그 가로수가 갈비뼈 사이에서 만져지기도 했고, 가정식 백반을 준비하는 저녁, 심장을 뒤덮는 털이 느껴지기도 했다. 몸 바깥에는 봄비가 내린다. 봄비에 젖은 벚꽃 잎들이 소멸되는 눈처럼 나를 쳐다본다. 몸에 눈이 내리기 시작했다.

회신

너의 꽃에게 보냈던 편지를 되돌려 달라고 부탁했다

이미 이곳은 꿈속 세계로 변했고
갑작스러운 냉기로 오한이 걸렸던 늦가을의 잎사귀 하나라며 보내 왔다
벽화에서 창문을 그리던 사람이 준 것이야, 실내의 빗소리를 녹음한 파일도 전송해 줬다

지난 계절의 눈들이 쌓여 계단이 기울어진다 절반의 공기가 빠져나간 자리에 젖은 영혼이 채워진다
슬레이트 지붕을 바라보는 끈끈이대나물의 꽃말이 청춘의 사랑이라서 아픈 오후,
편지를 떠올린다
짜장면 한 그릇에 금세 내 편이 되어 줄 사람, 떠돌다가 내려앉지 못하는 꽃가루는 몸속에 자라는 담석이 된다

네 얼굴의 절반은 여름, 절반은 가을인 채 기울어지고

있었고 나는 아직 겨울과 봄 사이를 채 지나지 못했다
　우리 사이에서 꽃은 그대로였고 우리의 절반만 각자의 빛깔로 퇴색되고 있었다

겨울 한창

폐타이어1에 흙을 가득 채웁니다.
공작초 한 다발을 심습니다.

폐타이어2에 공작초 한 다발을 채웁니다.
친구의 언 심장을 심습니다.

겨울이 되자 잎은 퇴색되고 줄기는 처졌어요. 폐타이어는 언 심장으로 내게 말을 걸기도 했지요. 새들이 사라진 소읍에서 아름다운 빛은 그저 죽은 물고기처럼 떠다녔습니다.

한참 동안 저잣거리를 돌아다니다 큰 고무 대야 안에서 유유자적하던 잉어 한 마리를 발견했을 때, 친구에게 전화가 왔습니다. 예전의 나를 만나고 돌아왔다며, 그곳에서 사라진 새들도 쫓아다녔다며, 나에게 보리밥을 산다고 했습니다.

마당 뒤편 폐타이어 화분에 가 보았습니다.

페타이어1에는 노랑 수술에 애틋하게 매달린 흰 꽃잎들이 파르르 떨고 있었습니다.

페타이어2에는 겨울 벌들이 윙윙거리며 괜찮다고, 울어도 괜찮다고 겨울이 한창이라며 말해 주는 것이었습니다.

회전 속에서

누군가 밀려서 넘어진다
목마를 탄 사람의 그림자는 붉다

고래를 만난 늑대의 표정과 늑대를 만난 염소의 표정 중 어느 쪽이 더 슬플까?
사시나무 숲 개울에서 얼굴을 비춘다

기억 속에 남은 속력, 누군가에겐 가을 정원 빛깔처럼 습관적이다

목마른 개일수록 뛰어내린다, 뗄 수 없다
어느 저승사자는 말했다
회전을 생각하면 너그러울 수 있다
자전과 공전을 함께 잘해야 한다

오래전 내가 보인다
목마를 타는 마음이 목마에서 보이는 풍경과 같지 않다

그때, 회전 초밥을 함께 먹던 동료 직원이 살 집은 장만했냐고 물었었다

목련을 기다리다 낙화만 보고 온다
장대비보다 젖고 스산한 기운 속 회전하는 말 한마디,
순직했던 나는 바닷가로 둘러싸인 풍경에 창문으로 된 집을 그리면 동화가 시작된다고 믿었다

기울어지는 회전목마에 눈이 내린다
회전목마에서 내 아이를 부른다 자꾸만 다른 사람이 나를 쳐다본다 눈사람을 보는 것처럼

2부
거기 없는 사람의 이름을 부르면

키링의 시간

청대*의 이름을 부르고
돌아서다
미안함이 커져

또 다른 청담靑淡을 떠올렸을 때

눈물은 끈이 되고
바람은 질긴 시간을 칭칭 동여맨
심장이 되고

나는 그저 한 송이 슬픈 꽃의
종결 웃음이 되고

* 베어낸 뒤에 마르지 않아서 아직 푸른빛이 있는 대나무.

저녁달

목도리에서 울음소리가 들린다 내 손에는 어느새 목도리가 들려 있다

목도리를 목에 두르자 누군가 불러 주었던 이별 노래의 겨울 안개가 떠올랐다

안개 속에서 잃어버린 물병을 찾는다 흙투성이 부츠를 발견한 날에는 내 입보다 누군가의 발이 더 말라 보였다

거울 속에서 겨울을 맞이한다 겨울 속에서 거울을 맞는 일만큼 춥다
나는 네 이름을 자꾸만 겹으로 썼다

이름들은 점점 여름처럼 변해 습하고 답답했지만, 잎사귀들은 쑥쑥 자라났다

군대 언제 가?, 곧 왜?, 그냥 맥주 한잔할래? 네 미래의

이야기 좀 들려줘, 그럴까?;……

  마음을 접는다 이미 커져 버린 정원의 나무를 사다리라며 둘러댄다
  목에서 꿀꺽 마른침을 삼키면 눈물이 울컥 쏟아진다

  네 기억 속에서 그저 나만 아는 장면만 재생할 뿐이야, 라고 생각한 나에게 너는
  그믐달의 곡률은 별에게 삥둥그리는 것임을 말해준다

  눈 내린 자작나무 숲길에 들어선다 네 그림자는 문을 닮았고 멀리서 들려오는 고라니 울음소리는 죽기 전 내가 들려준 후렴구

  그곳에서 뒤를 돌아보면 목도리가 뱀처럼 떨어져 있곤 했다

수목장

앉을 때마다 물이 배경이 되는 사람의 표정은
물고기 화석,
찰방거리는 물소리 따라
여름 숲을 따라간 너의 신발은
마르지 않는 흙만 밟고 다녔다
라디오에서 외계外界의 말을 듣다가
세상을 떠난다는 너의 말은
오히려 도시의 작은 화분이 되고 싶다는 것처럼 들려
매일매일 물을 들고 찾아가겠다던 약속,
너는 매일 죽은 사람의 이름을 한 번씩 쓴다
오래전에 사라진 나루터 주막의 탁배기 냄새
죽은 내 아버지의 단골 술집에 들러 보고 싶다는 말,
선인장 화원을 함께 걸은 날엔
낙타처럼 등을 내밀기도 한다
그럴 때 너의 배경에는
물빛에 어른거리는 가시들이 온몸을 뒤덮어

가시 물고기처럼 보이기도 한다
표정이 말과 어울리지 않는다고 얘기하려다 놓친
표정에는 나는 없고 너의 배경만 있다
네 아이의 얼굴을 떠올리면
공원에 있던 솟대의 나무 오리가 자꾸만 날아다녔다
과거를 수신하는 안테나처럼

마지막 경청

연탄불 앞에서

우리 새 구워 먹을까?
새를 어떻게 구워 먹어?
그냥 함께 죽은 척하면 돼

따뜻함 앞 부끄러움
부끄러움 앞
같이 살아 줘서 고맙다는 새 이야기

새로 태어나면 코끼리가 되고 싶어
코끼리가 되면 새를 닮을 사람

어항 속에 숨겨 둔 귀
귀를 꺼내면
깨진 창문 소리들
귀에서 흘러내리는 물을 닦느라 멍든 손바닥들

외계의 소문을 말하면 귀는 검게 변한다
복면을 쓴 귀는 새처럼 날아다닌다
사람이 죽으면 새 영혼을 찾아 떠돈다

바스락거리는 가을의 새코끼리귀

첫사랑

지진이 지나간 바닷가 마을에 작은 도서관 부스만 남고 모든 사람들이 떠나갔습니다. 부서진 담벼락 아래 핀 수국이 외면당한 표정으로 외면되지 않을 하루를 말했습니다. 나는 부스에서 책을 읽으며 사람들이 돌아오길 기다렸습니다.

문득 책을 읽다가 떠오르는 문장이 생각나면 전생의 내 모습을 그려 보았습니다. 그런 내가 가장 그리워하던 사람에게 편지를 썼습니다. 기쁨의 그림문자와 이곳이 아니라 다행이라는 문장, 지금의 햇살과 침묵이 오래전 당신의 표정과 닮아 다정했습니다.

밤이 되면 도서관 부스에는 수많은 별빛이 떨어졌고 굶주린 개들이 문을 두드렸습니다. 어떻게 열고 어떻게 보내야 할까요? 발굴되지 않은 책이 있다면 생존과 공간에 관한 비법을 퍼트렸을 것입니다. 먹고사는 일은 언제 복구가 될까요?

도서관 부스의 불빛을 찾아 구조된 사람들이 하나둘 돌아왔습니다. 뒤집힌 자동차 아래에서도, 뒤틀린 길 끝에 매달려 있어도 우리의 영혼만은 어떤 문장에 파묻히지 않을 것입니다. 잊고 싶다는 말은 우리가 알던 계절을 다 소비하고 무한으로 바라보는 일, 어쩌면 이야기는 이야기를 곡진히 낳을 것입니다.

도서관 부스는 사람들로 붐볐습니다. 몇몇 도서관 부스들이 더 설치되었습니다. 햇살은 점점 따스해졌고 봄꽃이 피기 시작했습니다. 나는 그리운 사람에게 전화를 걸기로 했습니다.

길 잃은 나와 어떤 이름의 여행

서연이란 이름을 떠올리다 연서戀書를 썼습니다
꿈에서 떠올린 문장은 눈 내린 양철 지붕 위 여우에게 말을 겁니다

여우야, 하고 부릅니다 우리가 도망갈 수 있는 바깥을 상상하게 됩니다
바깥에서 잠든 사람과 추위에 떨던 의자도 함께 읽은 책의 문장을 말합니다 선뜻 수평선을 그리워합니다

아직 가 보지 못한 주택들과 구석구석 길을 낸 골목, 프랑스 친구와 영국어로 말합니다 영국 친구와 스페인어로 얘기합니다

연서는 압사자의 심장에 숨을 채워 넣어 달라고 울부짖었습니다

여우를 닮은 사람은 바깥의 바깥에도 눈이 온다며 말합니다

당신을 잃은 그곳에서
비로소 잃어버린 삶이 다시 시작될 거라 믿습니다

그리하여 풀과 구름 사이에 기차가 달리고 기차와 문 사이에 새가 날아갈 것이라고,
나도 모르는 서연이를 불러 봅니다

저문 뒤에야 찾아온 사람

해 질 무렵이 되어서야 집 밖으로 나간 여름날, 물빛은 보이지 않고 빗방울 소리만 조록조록 들렸네

우산을 쓰고 개와 걷던 여자와 비를 맞으며 뛰어가던 남자가 멈춰서 함께 우기를 맞이하면 설익은 풍경도 슬픈 풍경이 되네

무작정 기다리는 버스 정류소에서 꺼낸 볼펜은 문장이 아닌 얼굴에 가깝고 아는 사람 닮은 사람들만 자꾸 편의점으로 걸어가네

거기 없는 사람의 이름을 부르면 작게만 흔들리는 분꽃이 자꾸만 돌아봤네
거기 없는 사람의 이름을 부르면 넘어진 의자 하나가 자꾸만 삐그덕거렸네

자두와 배추를 책가방 가득 채워서 버스를 태워 보냈네 그런 날의 골목은 나무는 없지만, 나무 그늘로 가득

한 숲길 같아 청명한 하늘을 한참 동안 바라보곤 했네

 길에서 죽은 새 한 마리를 손바닥 위에 올려 보았네 거기 없는 사람의 이름을 부르면 새의 무게가 자꾸만 가벼워졌네 길 잃은 어느 소읍에서의 국밥만큼 따스한 심장이 겨우 만져졌네

 내가 걸어갈 때마다 숲길은 점점 복잡해졌고 새는 사라지고 있었네 비에 젖은 눈물과 눈물에 젖은 비가 섞여 쓴맛이 났네

해후
―오랫동안 헤어졌다가 우연히 다시 만난 사람에게

눈사람을 떠올리며 눈덩이를 굴린다
내가 쥔 눈덩이가 누군가의 심장 같고
손의 맥박이 빨라진다
해안가 버려진 자전거 바퀴 하나가 달려온다

콧물이 흐른다
버려질 한 칸의 두루마리 휴지에도
꽃무늬가 그려져 있다
남동풍이 불어온다
자전거 핸들은 어디 갔을까?
상상 속에서 금지어들은 매일 밤 깨어나고
이미 가 버린 사람의 귓바퀴는 돌아오지 못할 바람을 탄다

입수入水하며 사라진 숲을 그리워한다
상상 때문에 숲의 새들은 돌아오지 않을 수도 있다
물결 위에 낙서를 한다
동파를 함께 견딜 결심을 한다

내 손에는 커진 눈덩이 대신
물속의 숲과 나에게 버린 너의 심장이 곤죽처럼 쥐어
져 있다
눈사람을 부르면
아직 오지 않은 네가 자꾸만 새소릴 냈다

눈 속 세상에서는 눈을 뜬 채 잠을 자고 봄을 기다린다
영원히 물에서 빠져나오지 못할 눈사람
뭇별은 왜 그리워하는 걸까?

바퀴 없는 자전거가 너의 해변을 달렸다

오르골

머나먼 뭇별에서 사랑하는 사람의 이름을 묻고 돌아선다
너의 위로는 트랙 위에서 쌓이는 눈을 함께 보는 것

트랙 경기는 음악이 흐를 때 몸에서 부품들이 하나둘 떨어져 나가는 기억의 방식이야

눈 내리는 공간은 가설, 빈 의자들은 없는 관중의 비유들
관계의 시간은 겨울나무와 여름꽃이 만나 나비를 초대한다

나비와 함께 봉분 위에서 눈물을 흘린 계절, 긴긴밤에 도착한 편지는 약전藥箋이 된다
잎사귀와 잎사귀를 흔들며 죽은 새를 묻어 준다 나무는 겨울이 채 오기 전에 가벼워져 어디론가 날아갔다 다시 돌아온다

발밑엔 집단 폐사했던 정어리들이 헤엄쳐 다닐지도 몰라

 쌓인 눈은 그냥 보는 것이라고,
 전생에 눈 내리는 풍경이 좋아서 트랙의 냉혹함이 낯설지 않았다고 너는 말했다

 트랙 위에서 그림자가 돈다 묻은 것들은 사라지는 것이 아니라 자꾸만 심장으로 변해 간다

 눈이 그치고 노을이 찾아왔다 누군가의 이름을 적으면
 저기 돌고 있는 그림자로부터 그림자를 잊지 못하는 붉은 울음들

 세상의 겨울에 쓰러진 천사가 일어나기 전에, 망가진 내 책상으로 돌아가기로 한다

우동을 먹다가

절벽을 검색하는 사람의 의자

깜깜한 밤에 몰래 떨어지는 별의 잔상을 줍는다
헤어진 사람과 다시 헤어졌던 그날의 운세

운명이라 받아들이는 사람들 손에 자란 사람이 운명을 거스른다
어느 국경에서 맛의 중력을 떠올린다

훔척거리는 내 뒤에서 손수건에 쑥을 건네주셨던 외할머니, 발그레한 복숭아를 그려 본다
눈이 내린다

폭설이 내리는 동안 절벽은 불어나고 국화꽃에 어울리는 사람을 떠올린다
근조 화환의 향기가 온 실내를 채운다
꽃을 삼켰던 너와 지난 계절의 곤충들이 운다

어떤 윤곽들은 그저 빛깔만 남고 절벽을 지운다
우동 그릇처럼

가끔 미래에서 봤던 사람을 과거에서 만나면 의자가
둥둥 누워 있곤 했다

구멍에 내리는 비는 미래를 삼킨다

빨랫줄에서 흔들리던 빨래집게가 박제된 나비처럼 사유한다
지붕에 얹어 놓은 폐타이어는 다리를 건너갈지도 모른다

폐에서 물이 차오른다
물을 퍼내야 하는 사람에게는 가슴이 우물만큼 깊다

지옥에서 이미 죽었던 사람들을 다시 마주하면 구멍 난 것을 말하며 아름다울 수 있다

이끼 옆에 있던 모종삽이 활짝 핀 달맞이꽃을 마주한다
퍼낸다는 말은 차오른다는 말보다 희망적이다

우산 아래서 젖은 담배를 함께 피우던 마음이 하지의 전쟁터에서 멈춘다
가슴에서 물은 불어나고 먹구름에 커다란 구멍이 생

긴다

　새 한 마리가 강물 위에 내려앉을 때 가슴을 움켜쥐던 사람은 아직 보여 줄 달이 남았을까?

　퍼내다가 지쳐 물이 온몸을 집어삼킨다
　우리는 굳어진 몸을 옆으로 누인 채 가만히 무중력 나비를 떠올려 본다

　폐에 다시 물이 차오른다
　휴월이 되면 함께 울어 주던 사람들이 공중을 날았다
　네가 데려온 미래의 그림자들이었다

부재의 노래

나룻배에 잔해를 가득 싣고 갑니다
사공의 뒷모습은 흑백의 판화,
빛은 차갑게 식어 가고 수평선은 멀어지는데 아름다운 눈들은 수면 위에서 잠들지 못합니다

밀정처럼 나무 뒤에 숨은 하이에나의 눈빛은 차라리 조곤조곤하고 수장水葬을 기다리는 일이 겨울비로 젖어 유월에 한기가 돌기도 합니다

멍들고 버려진 냄비도 바람이 된다면
찌그러진 시계도 고요가 된다면
찢어지고 색바랜 노트도 새가 된다면

노 젓는다는 건 부정하는 말을 부정합니다

물 위에서 검은 잎사귀가 백지처럼 흔들리고 눈물이 흘러내리지 않아도 꽃은 핍니다

우주의 당신은 지구에선 괴로워하지 않은 걸 괴로워할지도 모릅니다

독서를 함께하다가 문득 낙엽수로 가득한 숲길을 걷습니다
서로가 맞닿은 팔꿈치 뼈는 꾹꾹 눌러쓴 문장처럼 나보다 당신을 잘 기억합니다

폭설이 내린 겨울밤,
절벽 위에 홀로 남겨진 새가 깃털을 버립니다 사공은 아름다운 눈을 헤집으며 갑니다

다시 태어나도 잔해는 거기 강물 어딘가에 영원히 있을 것만 같았습니다

은풍殷豐

노랑 애벌레가 기어다녔다
외할머니 등이 구부러졌다
손등이 까슬까슬한 털로 변했다

노랑 애벌레가 겨울을 기어다녔다
내 손등은 부르트고 어머니 머릿속으로 사라졌다
노랑 애벌레가 방바닥을 기어다녔다
외할머니는 얼려 둔 팥잎을 푹 삶고 콩가루에 묻혀 국을 끓였다
가을바람의 여치 소리가 들렸다

세상에서 제일 큰 팥잎을 그렸다
노랑 애벌레가 그림 일기장을 기어다녔다
외삼촌이 잡아 온 꿩이 날아다녔다
붙잡힌 산토끼가 달아났다

풍년이 든 마을이 보였다
노랑 애벌레가 팥잎 그림을 기어다녔다

나는 잉어 한 마리와 손을 잡고 외할머니를 불렀다
외할머니가 요실금을 들인 채 세상을 떠났다

노랑 애벌레가 동네 텃밭을 지나갔다
'사과독나방 애벌레'라 불렸다
노랑 아이처럼 뛰어놀았다
힐끔힐끔 낮달을 봤다
착한 눈물을 흘렸다

접시꽃이 흔들릴 때 잊었던 죽음의 시차

너는 나의 색깔을 물어보며 죽었다. 나는 선홍색 꽃그늘에 앉아 있었다.

은개나무 새순이 올라왔을 때 뜨거운 물에 데친 나뭇가지를 초장에 찍어 준 사람에겐 오래된 비누 냄새가 났다. 수줍은 연둣빛 웃음이 잘 오려진 잎사귀를 닮았다. 바람이 불면 상처를 꺼내 말리곤 했다. 그런 날의 집 처마에는 제비가 늘 무언가를 실어 날랐다. 담장 아래 죽은 짐승이 묻히느라 바빴다.

주머니에서 손 뺄 때마다 썩은 달걀 냄새가 나던 여름날, 너는 나에게 이 세상에 없는 문장을 썼다고 했다. 하지만 그냥 그건 우연일 뿐인데 나는 너의 문장을 미래에서 이미 봤다고 답했다. 밤은 절벽 앞 울타리에서 비를 맞고 서 있던 내게 우산이 아닌 젖은 책을 주고 가 버렸다.

떡국에 자신의 만두를 덜어 준 섣달그믐 아침에는 한

해 동안 쌓인 먹먹한 말들이 돌멩이처럼 단단히 뭉쳐졌다. 자꾸만 옆을 맴돌았다. 돌들이 높게 쌓인 골목 지나 네가 없는 집에 갔던 날,

 선홍색 토끼들이 꽃그늘에서 모두 죽어 있었고 거대한 열기구가 둥둥 뜬 채 너의 집을 뒤덮고 있었다.

아무렇지 않은 매일매일

길에서 자주 울던 사람에겐 젖은 살냄새가 났다

랩으로 포장된 듯 숨 막히는 순간에 찾아오는 투명한 슬픔들, 며칠째 비는 내리고

우산 속에서 함께 생선을 들여다본다
어둠이 깊어도 입술은 떠다니고 비루한 뒤꿈치에도 빛이 모인다

토막 난 짐승과 식물이 냉장고에 차곡차곡 쌓인 밀봉의 시간

시금치가 초록빛 바람을
고등어가 푸른 바다의 노을을
사과가 나무의 노래를
데려오면 오래도록 가슴속은 물로 가득했다

사람이 찾아와 여름 손을 잡아 준다

바람이 불지 않는 숲, 아쉽지 않은 말투가 더 아쉬워진다 읽어 준 편지에는 글이 아닌 흰 여백만 남아 있었고

그건 바로 지우개로 그린 내 얼굴이라고 말해 준다
멀리 잘 떠나갔길 간절히 바란다, 는 말은 사랑은 아직 시작되지 않아서 참 다행이라며 내민 섬수纖手

시간이 흘러 장대비가 떨어지는 처마 아래
누군가의 이름을 함께 부르자는 약속은 너무 투명하다
가끔 공기가 몸을 짓누르기도 한다

우린 언제까지 부패하며 살아갈 수 있을까?

냉장고를 닫고 테이블 위에서 미래의 얼굴을 떠올린다
벽시계에서 절규가 들려온다

소설을 읽다가 글자는 사라지고 습하며 후덥지근한
손만 만져지는
　미색美色으로 가득한

3부
사랑하기 위해 만났다가
이별하기 위해 떠난다

예천

맛고을 문화의 거리 무인커피숍 앞 작은 대청마루에 앉아 사람을 기다렸다. 기다렸던 사람은 목로곱창주점에 들어갔다. 기다렸던 사람은 네온사인이 멈춘 정원이발소에 들어갔다. 기다렸던 사람은 물마루식당에 들어갔다. 너는 동생이 불에 타 죽었다고 했다. 기다렸던 사람이 카라레스토랑에서 나왔다. 강둑길을 따라 동생이 탄 휠체어를 밀던 네 뒷모습이 떠올랐다. 기다렸던 사람이 예천제유소에서 나왔다. 너는 살았다고 울었다. 기다렸던 사람들을 기다렸다며 붙잡지 못했다. 거리가 저물고 있었다. 울먹거리던 네가 돌아봤다. 삼형제연탄석쇠구이집 앞에서 시간을 기다렸다. 기다렸던 사람에게 참은 눈물은 지난 계절에서 별이 되었다고, 스치듯 웅얼거렸다. 한성목욕탕 굴뚝에서 기다란 눈빛이 떨어졌다.

모래북
―고故 친구 성환에게

아이들이 뛰어놀다 떠난 운동장은 북소리로 가득하다

소리에 소리가 겹쳐 쌓인 뒤 먹먹하게 스며들었다가 스스로 솟아오를 봉긋함

그 봉긋함들이 불어나면 까마귀들이 내려앉는다

돼지두루치기를 먹다가 금 간 벽에서 민들레꽃을 함께 발견했던 날, 난데없이 찾아갔던 초록빛 대문

부서진 시계와 휘어진 자전거 바퀴에만 쏟아졌던 가을비
우산을 들고 한참을 서 있었던 죽은 소년의 집

운동장을 달리다 뒤를 돌아본다
풀로 변한 그림자가 흔들려서 웅크린다
모래에서 설산의 비린내가 난다

스위스 마터호른에서 실족한 너는 어느 운동장 위에서 북소리처럼 오르내렸을 것이다

  운동장을 뛰어가면 북소리조차 올라가지 못한 산이 있다
  산에서 길을 잃다가 너의 이름을 부르면 자꾸만 내 이름이 되돌아왔다

입석

슬레이트 지붕의 작은 집들
나른한 오후의 그림자를 뱉고 있던
그날은
마침 사랑하는 사람이 찾아오는 날

1월에 여름풀이 자랐고
심장이 기형인 개가 울부짖었다

나 자신을 죽일 수 없다면
나는 다른 사람이 될 수도 있다

입에서 냄새가 난다
양철 배기통처럼

나는 사랑하는 사람 피해
평화카센터 지나
명랑세탁소 지나
자작나무 숲속으로 사라졌다고 한다

아무도 아는 사람이 없다고 했다

사실 나는 내가 누군지도 몰랐다

가파른 계단 꼭대기에서
나를 내려다보던 당신이
내 거울이었으면 했다

겨울의 판화

한기가 열차보다
먼저 도착하는
숲속의 간이역에
고래가 내렸다

열차는 아스라이
멀어지는 철길을 돌아보며
돌아보는 고래의 이름을
부르고

눈 위에 찍히는
고래 그림자는
1월의 목판화

고래는 그림 속에서
겨울 한 철을 나무로 있었다

빛이 없어도

잎사귀가 없어도
따스한 온기로 가득하면
화폭 위에선 꽃이 피었고

희미한 불빛 속에서
눈 속을 걸어오던
선자先子들의 여린 발자국 소리

바다는 없고
없는 바다가 자꾸만 반복되는 풍경 속에서
능선을 넘어가던 새들이 안기고
떠나지 못한 빛들이
나뭇가지에 매달리기도 했다

구름의 종류에 따라
은사시나무에 비친 고래가 웃거나 울었다
기다려도 돌아오지 않는 길이
한없이 말라 갔다

물체의 빛

내가 가진 물체 주머니엔 해진 문장들이 많다
하나씩 꺼낼 때마다 긴담緊談이 떠오른다

고라니가 대로변을 건너다 다리 하나를 부러뜨리고
처절한 몸짓과 함께 들녘으로 사라진다
비명과 함께 외친 건, 아버지

낚시하는 사람은 물고기 비늘보다 물비늘을 잘 다뤄야 해
사라진 건 순간이고 순간을 기억하는 건 찌란다

순간의 슬픔이나 기쁨 모양이 너를 설명할 수 있을까?
함께 과거를 여행할 수도 있겠지
때아닌 비를 함께 맞는다
걷던 사람에게 미래의 물체를 그려 준다

물체를 잃어버리면 봄이 오는 언덕에서 너를 부르면
빗소리가 났다

너는 자꾸만 내가 물체로 변했다가 다시 돌아온다며 했던 이야기를 반복했다
　여름 지나서야 그곳에 월계수가 많았다는 걸 알게 되었다

　두고 온 네 이름을 찾다가 바라본 들판에서 피로 물든 파도가 밀려왔다
　저 멀리 점점 작아지고 멀어지는 물체들이 보였다

　막 슬픈 이야기가 시작되었다

미래의 인사

모두 비행기를 탄 것처럼 너를 쳐다봤다

연수원 대강연장에서 내가 말했다
내 옆으로 와, 난 유령이야

몇 년 전부터 몸에 멍꽃이 번졌어
(너는 추리닝 지퍼를 올리며)
꽃 안 보이지?

여름에도 긴팔 옷을 입은 사람
파래소폭포의 하얀 포말들
사람들의 눈초리가 비행기에서 쉴 새 없이 떨어진다

나는 어느새 날아간 신불산 절벽에서 너의 이름을 불렀다

그곳에서 이름은 개옻나무가 되었다가 굴참나무, 때죽나무도 되었다가 갈맷빛의 내咻가 된다

스무 날의 연수 동안 너는 점점 곡기를 끊어 간다

너를 위해 맑게 갠 흰죽을 기숙사 방에 가져가면
유령이 유령 밥을 가져왔네
천장에 매달린 꼭두각시가 웃으며 어깨를 들썩거린다

나는 미래에서 온 유령처럼
너의 흉문凶聞은 잘못된 거야
멍꽃에 물을 준다

살아 줘서 고맙다고
미래의 너에게 인사를 하는 게 부끄럽지 않았다

데칼코마니

사랑하기 위해 만났다가 이별하기 위해 떠난다
밤 골목에는 반달이 많다

이별한 사람을 배웅하는 마음은 철 이른 과육이 비대해져 혼자를 사랑하는 일,
바람에 흩날리는 라일락, 꽃이 짓밟힌 라일락을 내려다본다

반월당에는 아직도 작고 여린 꽃과 매일 이별하는 사람이 있다

손을 잡지 못해 아픈 유령들은 불타는 열차에서 내리지 못하고
사랑 아닌 사랑에 쉬이 마음을 내려놓지 못하고
기억의 얼굴에 성가를 부른다

살아 보지 못한 왼쪽 마음이 죽은 딸의 오른쪽 얼굴을 닮았다

나머지 반을 채우고 싶다는 사람의 말에는 미로 지나 뭉클한 미로가 보인다

반달이 흔들린다
흔들림이 아름답다
아름다움도 슬픔을 반으로 접는다

화점

  슬레이트 지붕에 떨어지는 빗방울 개수를 헤아린다 헤어진 사람의 머리카락은 박꽃을 닮았다
  저녁부터 피었다가 아침에 시들곤 했다

  땡볕에 종아리 피부가 벗겨진다 강아지가 발톱으로 종아리를 할퀸다

  새들이 무리 지어 날아가는 건 누군가의 옆얼굴을 그리는 거야

  좋은 사람과 한잔하다가 좋은 사람이 생각나 전화했다는 친구의 말투는 취기보다 불꽃이 일었다

  나는 그 불꽃이 따뜻하단 말 대신 전화기를 가슴에 안고 가만히 두 손을 쬐었다

  집회에서 부고 문자가 도착했다

꽃의 아름다움에 대해 생각하며 드라이플라워가 될 온도를 기다렸다

헤어진 사람이 가끔씩 돌아왔다

무른 감정의 무늬

무른 과일을 문 사람의 창문, 무른 나무의 휘어짐이 물올랐다

바람이 불 때마다 맨발과 심장이 달라붙는다
가죽과 가면이 뒤섞인 낯 빛은 낯빛

내부에 갇힌 내부를 흔든다

유리창에 붙어 있는 퍼즐 조각들 속
앵무새와 도마뱀은 모르는 사이
시간이 뒤섞인 사이

부서진 지붕에서 울부짖으며 빠져나오지 못하는 새끼 고양이들, 안절부절 노부부, 퍼즐에는 지난 계절의 가뭄보다 더 마른 잎사귀들이 쌓인다

철로를 바라보며 고래를 그린다
사람의 다리는 꼬리를 닮아서 자꾸만 물길 쪽을 향

한다
 투명한 퍼즐 껴안고 지웠다 쓰는 그림자, 깁고 또 깁
은 자국

 금 간 바닥의 민들레 퍼즐이 온다
 붉은 개미가 핀다

 치자꽃 향기에 담 너머 집을 엿보다 돌아온 날, 내 기
분을 말하면 먼저 도착한 나비의 말들, 방 안에 죽은 나
비들로 가득한 그림자 배들

 부도의 날이 점점 다가오고 있었다

손으로 둘러싸인 어떤 몸의 교신들

이면지에 손을 그리면 비밀이 생겨나

이면지는 버려져도 울지 않고
비행기를 접으면 비행기처럼 날아가지
아무리 큰 짐승의 심장조차 가릴 수 있지

우리 몸이 손으로 둘러싸였다면 서로를 생각할 수 있을까?

이면지에 수없이 그린 손들을 오려서
몸에 붙이기로 하자
나는 지금 여름 바다로 날아갈 테니까

손들이 모두 물에 젖을 거야
그래도 헤엄칠 수 있을까?
해변가에 밀려왔다 다시 떠내려가는
종이 세계

당신 손을 오랫동안 바라봤던 적이 있다
당신 손이 물결로 변하거나
컹컹컹 낮달을 향해 짖는 개의 형상을 가진다

끼룩끼룩 갈매기가 된 당신 손
내 몸에 붙은 어느 손과의 교신

내가 그린 손들은 모두 내 것이 아니다
나에게 나도 모르는 감정을 낳는 건
낯선 당신의 필화筆花

모래 위에 젖은 손들이 쌓인다
석양 아래 종이 물고기들이 하나둘 튀어 오른다

눈을 감는다
죄책감으로 죽은 자가 나에게 다가와
손들에 채색하고 싶다, 말한다
(당신 또한 이미 죽은 당신의 길을 걷고 있나요?)

초록과 노랑, 빨강 손들이 불어난다
손들은 잎사귀처럼 펄럭거린다

종이 여름은 사라질지도 모른다
그래도 당신이 나를 찾아올 거라 믿었다
미래의 숲에서 하나둘 잃어버린 사람들이 돌아왔다

장마

편의점 앞, 컵라면과 소주를 먹다가 건달한테 끌려가 실컷 두들겨 맞는다. 얼굴을 함께 씻으며 바라본다. 강물은 담배꽁초가 담긴 빈 병이 우리의 자화상이라 했다.

영주역에서 청량리행 열차를 탄다. 네 외갓집으로 등록금을 빌리러 함께 갔던 날, 제천역 승강장에서 폐기물로 가득 찬 돌 화분을 본다. 우리의 자화상이라 했다.

경주 여자와 살기 위해 경주를 떠난다. 너는 곁에 아무도 없었다. 취직 시험 낙방 후 찾아간다. 막걸리와 소주를 잔뜩 부은 대접을 보여 준다. 우리의 자화상이라 했다.

돌잔치 마치자마자 이혼하게 되었어, 네 말이 결혼식보다 더 분주한 해물탕집, 빈 껍질로 가득한 그릇을 보며 우리의 자화상이라 했다.

12년간 동업했던 부동산 중개소 업자가 자신의 전 재

산을 갖고 도주했다는 너의 표정, 이 세상에 없는 꽃이 말라 가고 있었고 우리의 자화상이라 했다.

자화상은 빗물에 젖지 않고 날아다녔다.

순대국밥을 먹다가 네 부고를 전해 받았다. 온종일 비가 내렸다. 신을 모르면서 신인 척, 의자를 모르면서 의자인 척, 부추를 먹는다. 부추즙을 보내 준 사람이 생각난다. 여름 즈음에 편지를 써야겠다는 마음에는 삭과蒴果들이 그지없었다. 그래도 남은 국밥을 마저 먹어야겠지? 창밖으로 우산을 쓴 채 바구니 달린 자전거를 비틀비틀 끌고 가는 노인의 뒷모습, 만추의 간조干潮다. 얼른 뛰쳐나간 골목에는 물빛이 아닌 진흙빛이 무르익었다.

밤새 잠을 설쳤던 여름날, 꿈에서 자주 구들장이 나왔다. 이불 속 아랫목에 손을 넣으면 따끈따끈한 공깃밥이 둥근 알 같았고, 만지다 보면 흰 쌀밥 대신 새가 날아올랐다. 천장에는 기다려도 오지 않던 얼굴이 둥둥 떠다녔고, 천장 위에선 나를 기다리던 사람이 밥 한 공기를 만지작거렸다.

지난 계절의 이팝나무를 보면서 죽은 사람도 사람이라 국어사전을 뒤적거렸다. 가희佳姬라고 부르면 네가 돌아봤다.

노을이 흐르는 모자

모자를 쓰고 눈물을 흘립니다 사람은 고양이의 눈빛을 가졌습니다
슬픈 것이 더 슬퍼서 모자를 눌러쓰면 슬픈 새가 내려앉았습니다

먼 곳에서 다가올 궂은 비와 말라죽을 때죽나무의 그림자, 빨랫줄에 매달리지 않으면 잃어버릴 것도 없겠습니다

혼자가 되는 건 슬픈 새 아래 몸을 웅크린 채 풍경의 역할을 관찰합니다

그러다 문득 나 자신을 향해 '당신은 누구시죠?'
참회를 위해 다시 당신이 되기로 했습니다

오월의 장미꽃에서 미성을 듣습니다 사람은 보호색을 가질 수 있습니다 종이를 온몸에 붙인 채 노을로 사라지는 연습

타로점을 보다 심안을 잃은 당신에게 함께 우산을 쓰자고 말해 주던
그래서 잃어버린 계절을 찾아 항상 숲을 산책한다는 모자

잘라도 다시 자라는 어둠처럼 슬픈 새는 내려앉습니다
길어진 그림자가 죽은 아이의 이름을 부르면 속내는 사라지고 소리만 슬픈 새를 닮아 갑니다

맹그로브

   진흙을 발목에 바르다 연풍軟風의 독백을 듣습니다
낯선 개들이 골목에서 눈물을 흘립니다

   웅크린 채 담배 피우던 장례지도사는 죽음에 익숙한 사람,
   죽은 길고양이의 발은 도랑물에 씻어 줍니다

   내가 작은 맹그로브였을 때에도 하늘은 푸르고 푸른 시간들의 구름은 붉었습니다
   붉은 구름이 왈칵 쏟아집니다
   내 몸에서 자라는 눈물은 온음의 점묘
   보이지만 보이지 않는 거리, 움직임의 모든 것은 피를 흘렸습니다

   그때 여기 삽이 있다고 웃어 준,
   삽으로 긴 혓바닥 같은 그림자를 누른 뒤 진흙을 파헤치는 것이 말의 전부일지도 모른다며 그는 말했습니다

파낼 수 없는 바닥이 보입니다 매일매일 다른 배경으로 채워질 계절에는 응어리가 꽃이 될지도 모릅니다

죽음이 찾아올 때마다 이름만 새겨지고 발만 깊어지던 시절이었습니다

그의 시간은 이곳에도 있었고 이미 오래전 그곳에도 있었습니다

4부
우리는 모두 어떤 울음이 될 테니까

물의 역광

　물은 손을 잘 그린다, 손은 아이의 맑은 눈처럼 둥글다, 둥긂은 반지하에서 차오른다, 반지하는 피아노를 연주한다, 피아노는 계단을 연주하듯 부고를 알린다, 부고는 선착한 불합격 통지서 같은, 세상의 모든 음악을 부정한다, 음악은 엎질러진 구름이 리듬을 친다, 구름은 지상 아래까지 곡선을 섞는다, 곡선은 다시 사후에 찾아올 사람에게 미리 부고를 전한다, 사후에 찾아올 사람은 온몸으로 물의 부피 재는 습관을 가질 것이다, 습관은 매일매일 낡은 침대와 망가진 의자에 기대 저렴한 와인을 마신다, 와인은 내 노트 속의 철길처럼 찾아온다, 철길은 바다까지 닿는다, 바다는 방 안에서 철썩거린다, 방 안에는 무작정 겨울 눈을 찾아간 어느 간이역이 있다, 간이역에선 비가 내린다, 빗속은 바람이 불지 않아도 편백 숲 향기가 난다, 편백 숲이 파문에 비친다, 파문에선 망자가 피아노를 연주한다, 망자 앞에서 눈물을 흘리는 일, 눈물에서 내 이름을 부르면 손이 차오른다, 손은 아무리 기다려도 오지 않던 계절이다

여우비

　점촌역의 동쪽 하늘에는 비가 내렸고 서쪽에는 햇살이 내렸다
　골목에 표정이 있다면 그런 날의 젖은 얼굴은 메마른 눈빛과 떨리는 속조차 비춘다

　골목을 거닐다 우렛소리가 난다
　슬픔이 잠시 멈춘 자리,
　비껴간 냉소의 눈빛과 간판에 글자 획이 떨어진 백반집의 순두부찌개

　우는 것보다 웃는 것이 더 슬퍼 보인다
　네 말에 쇼윈도 앞에서 자꾸만 웃다 보면 폐상점에서도 우렛소리가 들려온다

　문득 네가 좋아했던 여자가 점촌에 살았다는 사실이 떠오른다
　'꿈의 궁전'이라는 여관이 보인다
　안경에서 여우비가 계속 흘러내린다

   점촌 점빵길에는 점빵에 앉은 사람들이 여우처럼 보였다
   죽은 너를 부르면 온통 여우들만 분주했다

달콤한 물

물에서 알람이 울립니다
죽은 사람의 심장이 수면 위에서 나를 빤히 쳐다보는 일

츄파춥스 하나가 둥둥 떠다니는 하천은 화가 달리의 화폭
포장지를 디자인했다는 달리의 츄파춥스들이 하늘에서 가득 내리는 상상

손을 내밀면 손에서 잡히는 달콤함이 어떤 빛덩이였을지
산사태로 무덤이 된 백석동을 생각하는 밤
어제의 식탁에는 이미 많은 흙들이 섞여 있습니다

시간이 물 폭탄처럼 내린 뒤에 당신을 묻고 다시 시작할 수 있을까요?
멸종된 세계의 빛을 훔쳐 간 사람은 멸종된 시간을 재생산합니다

체육복을 껴입고 강변을 뛰어가다 넘어질 때
버림받은 사람들은 버림받은 자리에서 아름다움이 시작된다며
죽은 사람이 나를 일으켜 세웁니다

드라마를 보다가 폭우가 끝납니다
오후에는 엷은 빛 하나가 물이 흥건한 자취방 부엌을 비춥니다
사람을 그리워하다 떠난 사람에게 물은 뚫어야 보이는 세계

고된 노동을 마치고 돌아오면 사라진 사람의 시계가 작동합니다
반복된 물의 시간 속에서 슬픔은 재생됩니다

유목의 밤

하이힐 신은 늑대가 양을 훔쳐 가고
파꽃들이 자판처럼 문장을 만듭니다
목동이 지나간 자리는 불안정한 이야기가 어울립니다
내일은 내일의 바뀔 수 있는 문장이 필요합니다

은로銀露마다 목동이 지나갔습니다

목동은 종이 무지개를 가위로 잘라 잠든 양들의 목에 걸어 줍니다
구름이 멀리 떠나갔다 돌아오는 시간을 예측해 봅니다

목동이 기록한 문장은 프리즘,
떠오르는 생각이 떠다니는 물고기가 될 수 있듯 착시가 사랑이 될 수 있습니다

당신은 누구시죠? 목동은 이곳에 내가 어울리지 않는다고 말합니다

당신의 세계는 지금이 최초라고 생각해요? 되묻는 나에게 지평선 끝의 나무 한 그루가 흔쾌히 달려왔습니다

스프링처럼 튀어 오른 나무들, 역류하는 물길, 우리는 가끔 상상할 수 없는 이미지를 현실이라 믿기도 합니다

풀어놓은 양들의 잔혹사가 돌이킬 수 없는 사랑처럼 아프지만
  한없이 걷다 보면 배낭에 넣어 둔 와인이 깃털이 되고 깃털은 새로운 사랑의 가설이 되기도 합니다

떨어뜨린 문장을 줍는다면 새의 몸짓을 흉내 낼 것

목동은 이별할 수 없는 밤은 밤이 아니라며 별빛을 버립니다
  매일 밤 착시에 지친 목동은 아름다움을 톱으로 자릅니다

멸망한 도시에서 거대한 불꽃이 날아오고 이 세계의 끝이 이곳이라면 나는 미래로 돌아가지 않을 겁니다

바닥이 사라진 지 오랩니다

메아리가 돌아오는 시간

밤 언덕이 시작된다 시작을 되감는 손이 보인다

되돌아오기 위해 내려갔던 사람, 내려가다 보면 꽃이 피고 내려가다 보면 비가 내렸겠다

대파와 양파, 고구마를 가득 실은 채 힘겹게 유모차를 밀고 간다
노파는 잠시 발걸음을 멈춘 채 자신의 그림자를 바라본다
아이의 발 대신 가지런히 놓인 생수 하나를 집어 든다

언덕의 여름은 눈물로 이루어져 있다
유령은 사람의 등에 메아리도 가득하다고 했다

푸성귀들이 새근새근 잠들어 있다
노파의 걸음걸이는 조심스럽다

한여름에도 긴팔 셔츠를 입으면 굽은 등에서 탈주하

고 싶은 소리가 난다

   소설小雪에 떠났던 사람은 돌아오지 않았다고 했다
   한숨으로 죽음 예측하던 사람은 죄책감을 녹여서 귀에 저장한다

   흔적 드문 여름밤 골목길
   흘러내리는 귀처럼 다가오는 가로수 잎사귀들
   노파의 귓가에 밀어를 속삭이고

   데리고 가는 것과 매달리는 것 사이에는 지렁이와 날벌레, 까마귀 들이 넘쳐나지
   세상을 분해하고 있다는 걸 알아
   우리는 모두 어떤 울음이 될 테니까

   능소화꽃들이 주차된 자동차들 위에 떨어진다
   누군가의 버려진 얼굴들

노파 곁에는 이미 와 버린 유령의 심장과 심장 속에 갇힌 이름이 뒤섞여 이지러진다

삼킬 듯 말 듯한 달의 목구멍이 아련했다

떠다니는 냄새

 숲을 빠져나오려면 공중전화 부스를 그려야 해. 공중전화 부스는 물에 녹지 않고 벌레 소리에 흔들리지 않을 수 있어. 수화기를 들면 발신음만 흐르는 손끝에는 아직 도착하지 않은 시월의 꽃들이 떨려. 계곡물 위에 종이배를 띄운 당신 기분을 헤아린다. 함께 먹던 헛제삿밥과 식혜가 떠올라 허기가 돌지. 우리가 보낸 숲에는 우기보다 건기가 더 젖지. 이별했던 사람을 다시 이별했지. 가을비가 오면 발목을 절뚝거리며 고향으로 돌아가는 사람과 돌아갈 곳 없어 나무를 흉내 내던 사람, 돌아오지 않는 자식을 기다린다는 말에 덩굴이 넘어오지. 나는 숨을 쉰다. 나는 기억을 가졌고 때론 기시감이 요동치지. 내가 창문을 열면 붉은 잎사귀들이 쏟아져 내린다. 그녀는 수줍은 듯 화장한 채 두부를 사러 갔을지도 몰라. 얼굴이 없는 사람에게 갈색 자갈들은 튀긴 건빵처럼 먹음직스러워 보이지. 공중전화 부스에서 눈이 오는 해변을 그려 볼까? 사람들은 눈동자로 뒤덮인 몸이 비대해져 하늘을 뒤덮고, 겨울에 태어나 겨울에 죽은 새를 위해 눈 무덤을 만들지. 얼어붙은 호수 위를 난다. 저

호수가 내 심장이었으면

헤엄치는 건반들

돌돔은 건반을 삼켰다

건반을 치던 아이가 이곳은 물속이라고 했다

물에 선율이 있다면 무언가를 두드린 손이거나 스스로 부딪혀 내는 몸짓

수족관에서 꺼내어진 돌돔 건반이 칼끝에 벗겨지고 바다를 삼킨 맨살이 접시 위에 떨어진다
뼈만 남은 몸에서 흔드는 리듬

물속에서 음계를 연주하던 아이야,
이름을 부르면 돌돔이 헤엄쳐 다녔다

가을바람이 너무 붉다 열어 놓은 창문 밖으로 고개를 내민다 횡단보도를 걸어가던 아이가 뒤를 돌아본다 검은 피가 흘러내린다

굵은 장대비가 내렸다
 타닥타닥 바닥의 건반들이 요동친다 울음을 터트리던 사람의 손에는 멜로디언이 들려 있다

 길거리는 해체된 돌돔의 냄새로 가득했다

겨울 해변의 늪

모래 해변에 누워서 갈매기를 세던 사람과 냉수욕에 대해 말한다 죽은 물소리가 따뜻하다

죽은 회전문, 죽은 박제들, 죽은 공포, 고독사하는 죽은 사람들, 죽은 바람, 죽은 없는 숲, 죽은 눈물, 죽은 슬픈 짐승들, 죽은 눈, 죽은 우수, 죽은 처서, 죽은 사랑, 죽은 문장, 죽은 장마, 죽은 반복

얼음에 새긴 문장에 종종 교교한 달빛이 찾아온다

추락한 감정, 추락한 짐승의 자연사, 추락한 왕버들나무, 추락한 폐타이어, 추락한 몸짓

나는 꽃 모양을 흉내 낸다

어긋난 발톱, 어긋난 물소리, 어긋난 늪, 어긋난 왜가리

빙판 위의 죽은 고니가 어긋난 하늘 높이 날아간다

안동 사람

 월영교 지나 어느 벤치, 가로수 나뭇가지들은 어느새 공중에서 만나 하늘을 가린다.

 무릎에 누웠을 때도 그랬다. 그때는 투병이나 죽음을 상상할 수 없었다. 단지 공중에 둥둥 뜬 길들이 하늘을 가리고 생각을 가렸다. 시간을 가리고 눈물을 가렸다.

 안개 낀 안동역은 고백하고픈 말을 수십 번 지웠다 쓴다.

 여름 분수를 바라본다. 도시 뒤편 굴참나무 숲에 가서 비를 피한다. 함께 라일락꽃을 그린다. 무릎에 꽃을 그려 준 사람은 그 사람과 죽는 시간이 같다고 했다. 무릎의 계절에는 눈 내린 날에도 무지개가 보였고, 무지갯빛보다 더 밝은 깃털을 가진 새들이 날아다녔다.

 먼저 와 버린 동풍에 낮잠을 깬다. 운구차가 옛 장소를 돈다. 살았던 골목을 반복해서 거닌다. 사람 이름을 부른다. 죽은 아버지가 돌아본다. 그때 보았던 건 하늘이 아니라 거울이었다.

낙동강 물결 위에 떠내려가는 나무토막이 내 무릎이었으면 했다.

물결 의자

밤 지새며 꽃이 잠들길 지켜보던 의자 앞, 고백하지 못한 여름의 언어가 있다

담 안쪽으로 그림자와 꽃다발을 던지고 달아난 뒷모습
잊을 만하면 찾아온 가랑비

그 의자를 생각하면 생각이 사라져서 시원했다
너는 자꾸만 나에게 물고기를 닮았다고 했다

오늘의 할 일은 예상치 못한 꽃의 고백에 내일의 문장을 미리 떠올리는 일
오해와 낭설이 난무하는 의자 밑

불온한 내 과거와 거듭된 반성의 언어를 말했다
너는 항상 사라졌고 나는 물빛을 찾아 헤맸다
휘어짐은 유연한 사물 위에 몸을 포개는 것

의자는 내가 가진 무게만큼 휘어졌고 가끔 내 몸이 가라앉기도 했다
늪지에 사는 물고기처럼 사유하다 보면 고라니가 내 몸을 집어삼키는 꿈을 꾸기도 했다

서우

왜관의 골목길을 돌다 담벼락에서 발견한 네 이름에는 바람이 불었다
벽에서 부는 바람에는 서쪽으로 흩날리던 꽃잎이 비처럼 내렸다

내가 자전거로 여름 속을 달리는 건 이름을 불러 주는 일, 장밋빛으로 가득한 메아리가 섞여 불새의 눈을 가지는 것

오래된 담벼락에는 해바라기꽃이 가득하다

외로운 사람은 낯선 곳에서 덜 외롭다며 보내온 친구의 그림자 사진, 내 거울 같다
포스트잇에 가득 채운 이름들,
뜨거운 육교 위에서 철길을 내려다본다

지금이라는 각성은 내가 죽었던 미래의 시점에서 기시감이 들었던 과거를 맴돈다

햇빛이 많은 날의 외로움은 소소함일 뿐이며 그런 날의 비가 곁이 될 것이다

어느새 네 이름은 네 모습보다 더 흩날렸고 벽의 춘화 바깥으로 비가 내렸다

외로운 꽃은 죽어서도 발이 없다

인도 사람

　동대구역 복합환승센터 터미널 앞, 반 평 남짓한 그늘 바닥에 앉아 흰 셔츠 입은 인도 사람이 목탁을 두드리고 있다

　연인이 문득 뒤를 돌아봤을 때 여름이 사라지고 있었다
　물결을 가득 실은 버스는 소리 수집가, 버스가 내 가슴속을 뚫고 지나간다

　나에게도 오래된 인연이 있었다
　뒤를 돌아볼 때마다 계절이 바뀌는 배경에는 한 번도 말을 걸어 보지 못한 나무들이 흔들린다
　인사가 기도가 되어 버린 말들이 흩날린다

　그런 날의 기분을 생각하며 탁구공을 던져 보곤 한다

　노란색과 흰색 탁구공들이 뒤섞인 채 수없이 떨어진 바닥

연습이 끝나면 다시 누군가의 또 다른 연습이 시작되는 일

탁구공에 매달린 발 없는 음절들
탁구공이 주고받는 소리는 카산드라의 혀

오래된 인연과 헤어졌을 때 발 디딜 때마다 탁구공 밟히던 소리
목탁 소리를 들으면서 자꾸만 탁구를 치다가 울던 사람이 떠올랐다

부레

좋은 유령이 되기 위해
가끔 우리는 낚시용 접이식 의자에 앉아
비눗방울을 분다

비눗방울은
캡슐 속 뽑기 상품처럼
거짓말을 가득 채운 채 상승하다 터진다

당신은 창밖에만 있고
거짓말로 가득한 내부는

거짓말 속 코끼리
거짓말 속 퍼즐 놀이
거짓말 속 막대사탕

하나둘 사라져 가는 색채의 구멍
구멍에서 녹은 치즈가
뚝 뚝 흘러내리는 배꼽

배꼽을 보면
노란 장판에 담뱃불 자국이 떠올라
담배 연기로 자욱해진 삼촌의 방

작은 손 떨림에도
창백하게 변해 가는 바질 향
목을 뚫은 구멍에서
끝없이 빠져나오는 심장 조각들
비눗방울처럼 둥둥 떠오른다

죽은 당신의 이름을 부르는
타블로이드

채도의 부력

사과가 사막 위에서 둥둥 뜬다면 너의 빛깔 때문이다. 비가 내린다는 소식에 찾아간 김천역에서 너는 포장된 서리태 콩물을 무릎 위에 올려놓고 나를 기다렸다. 집으로 가는 버스 안, 콩물에서 전해지는 찬 기운이 따스했다. 창밖에는 사과가 웃을 수 있었다. 노래할 수 있었다. 네가 좋아하는 사과는 어느 초식동물의 얼굴처럼 순했고, 바깥의 시간이 쌓여 너의 눈동자가 되기도 했다. 김천의 재래시장을 돌다가 놀랐던 우렛소리, 처마 밑 낮은 마루에선 비는 보이지 않고 빗소리만 들렸다. 별무늬 몸뻬바지 할머니가 얼음 막걸리 한 사발을 건네주었고 소낙비보다 더 젖었다. 여름 한 철이 두텁지 않았다. 주말 거리에는 사람이 드물었고 '카프카수선집' 셔터 문 앞에 놓인 시든 수선화만 멋쩍게 웃었다. 꽃에게 하는 말들은 무대 위에서 하차한 어느 연극배우의 방백이라며 너는 말했다. 하지 무렵 마루에서 먹던 홍두깨 칼국수가 생각났다. 허기진 마음을 더욱 허기지게 했다. 부피만 커지고 질량은 그대로인 마음은 어떤 빛깔일까? 빗소리가 잦아들자 우리는 서로가 서로에게 떠다닌다고 말했다. 처마 밑에서 마주 보며 먹은 사과에는 사각사각 소리가 유난했다. 입에서 빠져나온 사각형들이 관처럼 떠돌았다.

해설

유령의 심장 속에 갇힌 너의 이름은

김익균(문학평론가)

*"우리는 오직 예술을 통해서만이 우리 자신에게서 빠져나와,
우리와는 다른 세계의 다른 누군가가 보는 것을 알 수 있다.
그 세계의 풍경은 우리에겐 달에서나 볼 수 있는 풍경처럼
생소한 것일 수도 있다."*
―마르셀 프루스트

*"꿈에서 떠올린 문장은 눈 내린 양철 지붕 위
여우에게 말을 겁니다"*
―권기덕

권기덕의 시집 『스프링 스프링』을 읽은 지 5년여가 지났다. 신작 시집 『닮은 건 모두 아프고 달리아꽃만 붉었다』는 『스프링 스프링』의 "내가 살아 있다는 걸 증명"하기 위해 "죽어 있음"과 대면하는(「명-살아 있는 자의 마음속에 있는 죽음의 육체적 불가능성」) 문제의식을 일관되게 밀고 나간다. 죽음은 이번 시집 전체를 통어하는 상징의 차원으로 올라섰다. 상징은 생각을 불러일으키기는 하지만 드러난 의미와 감춰진 의미 사이의 구조적

연관이 뚜렷하지 않다는 특징이 있다.

죽은 물소리가 따뜻하다

죽은 회전문, 죽은 박제들, 죽은 공포, 고독사하는 죽은 사람들, 죽은 바람, 죽은 없는 숲, 죽은 눈물, 죽은 슬픈 짐승들, 죽은 눈, 죽은 우수, 죽은 처서, 죽은 사랑, 죽은 문장, 죽은 장마, 죽은 반복

(중략)

나는 꽃 모양을 흉내 낸다

어긋난 발톱, 어긋난 물소리, 어긋난 늪, 어긋난 왜가리

빙판 위의 죽은 고니가 어긋난 하늘 높이 날아간다
—「겨울 해변의 늪」 부분

위의 시에서 삼라만상에서 죽음을 대면하는 시적 화자는 "꽃 모양을 흉내" 내고 "어긋난 하늘"을 직시하게 된다. 다시 말해서, '나'에게 있어서 죽음은 생명을 모방하는, 삶 그 자체이다. 그러니까 산다는 것은 삶 그 자체

로 봉합되지 않는다는 아이러니…. 우리는 삶과 죽음의 '어긋남'의 무한한 양태를 직시할 수 있을 뿐이다. 그렇다면 여기서 죽음이란 무엇인가? 죽음의 상징에 다가가기 위해서 독자는 곳곳에 넘쳐흐르는 어긋난 언어, 다시 말해서 '부적절한 주술관계prédication impertinente'에 대한 해석적 참여에 동참할 필요가 있다. 한 편의 시, 한 권의 시집을 읽을 때 우리는 읽는 법을 미리 알지 못한다. 시 텍스트에는 개별적이고 특수한 성격의 문법이 작동하기 때문이다. 한 개인의 독특한 경험이 만들어낸 독특한 작품이 어떻게 익명의 수용자에게 소통 가능한 보편적 의미를 갖게 되는가? 시인은 자신의 독특한 경험을 전달하기 위해 독특한 물음이라는 형식에 자신의 경험을 합치시킨다. 따라서 시적 개성이 기반해 있는 독특한 물음이라는 형식에 대한 독자의 무지는 시 텍스트와 독자 사이의 의사소통 과정의 구조적 요인이다. 독자는 스스로 읽는 법을 익혀야 하며 그 과정에서 시는 '재형상화' (폴 리쾨르)된다.

목동이 기록한 문장은 프리즘,
떠오르는 생각이 떠다니는 물고기가 될 수 있듯 착시가 사랑이 될 수 있습니다

당신은 누구시죠? 목동은 이곳에 내가 어울리지 않는다고 말합니다

당신의 세계는 지금이 최초라고 생각해요? 되묻는 나에게 지평선 끝의 나무 한 그루가 흔쾌히 달려왔습니다
—「유목의 밤」 부분

위의 시에서 "목동이 기록한 문장" 속으로 들어서는 독자는 현실과 비현실, 문학 텍스트 세계와 현실의 독자가 속해 있는 세계의 뒤섞임을 체험할 것이다. 목동은 독자를 이곳에 어울리지 않는 불청객 취급하지만 독자는 당당히 응수한다. "당신의 세계는 지금이 최초라고 생각해요?" 이런 문답은 텍스트와 독자의 관계가 수동적이지 않음을 암시한다. 세계가 나를 둘러싸고 나를 사로잡을 수 있는 어떤 것, 어쨌든 내가 만들지는 않았지만 내가 있는 곳이라고 할 때 시 작품이 보여주는 세계는 허구 세계일지언정 그 또한 하나의 세계이다. 우리는 독자 세계가 실제 현실이라는 믿음에 기반해서 현실과 동떨어진 텍스트 세계가 따로 있다고 생각한다. 독서는 한낱 즐거움에 그쳐야지 그것에 너무 얽매이면 안 된다는 것이 생활의 노역에 치이며 살아가는 대개의 어른들의 말씀이다. 텍스트의 유용성을 부분적으로 인정하는 일부 '교양' 있는 어른들의 경우는 어떤가? 그런 경우 독서

를 권장은 하겠지만 이들 역시 "텍스트 의존적인 태도"
에 대해서는 한 번씩 주의를 주고 나서야 어른으로서
할 일은 했다고 안심할 것이다.[1]

다소 게임 중독을 연상시키는, 텍스트 의존적인 태도
에 대한 어른들의 걱정은 독자 세계와 텍스트 세계가 근
원적으로 분리되어 있다는 세계관의 발로이다. 하지만
주변에서 일어나는 우연적인 사건들에 필연성을 부여
하며 살고 있는 우리에게 산다는 것은 '생활 세계'를 텍
스트화하는 과정에 다름 아니다. 현실에 플롯을 부여하
는 능동적인 행위를 통해 간신히 현실은 이해할 수 있
는 것이 된다. 그런 의미에서 책을 읽는 일은 현실을 텍
스트로 단순히 대체하는 것이 아니라, 현실이라는 텍스
트에 대한 기존의 이해를 부단히 복수화하는 생산적인
작업이라는 점을 환기할 필요가 있다. 독자 세계는 독서
활동을 통해 보충되어야 무너지지 않는다. 독자 세계와
텍스트 세계가 상호작용하는 이런 시적 체험은 세계의
'도상적 증가augmentation iconographique'로 이어진다.

지진이 지나간 바닷가 마을에 작은 도서관 부스만 남
고 모든 사람들이 떠나갔습니다. 부서진 담벼락 아래 핀

---

[1] 에드워드 사이드, 『오리엔탈리즘』, 박홍규 옮김, 교보문고, 2007, 171~172쪽.

수국이 외면당한 표정으로 외면되지 않을 하루를 말했습니다. 나는 부스에서 책을 읽으며 사람들이 돌아오길 기다렸습니다.

문득 책을 읽다가 떠오르는 문장이 생각나면 전생의 내 모습을 그려 보았습니다. 그런 내가 가장 그리워하던 사람에게 편지를 썼습니다. 기쁨의 그림문자와 이곳이 아니라 다행이라는 문장, 지금의 햇살과 침묵이 오래전 당신의 표정과 닮아 다정했습니다.

—「첫사랑」 부분

위의 시에서 "지진이 지나간 바닷가 마을"은 어디일까? "사람들이 떠나"고 남겨진 "작은 도서관 부스"란 결국 독자 세계에서 텍스트 세계로 이행하는 독서 그 자체의 장소에 다름 아닐 것이다. '나'에게 독서는 그 자체로 자족적이지만 텍스트 세계에서 독자 세계의 이행에 열려 있다는 점에서 폐쇄적이지는 않다. 책을 읽으며 '나'는 떠난 "사람들이 돌아오길 기다"리고 있는 것이다. 우리에게 익숙한 독서의 일반적 과정이 독자가 경험한 세계의 관점에서 책의 세계를 이해하는 것이라면, 시의 독서 과정은 독자가 읽은 시의 세계의 관점에서 현실의 세계를 해석하는 것이다. 독자의 무지가 '시 텍스트와 독자 사이의 의사소통 과정의 구조적 요인'이라는 것은 바로 이런 역동성을 이해하기 위해 강조될 필요가 있다.

독서 활동을 통해 한편으로 허구가 현실에 의해, 다른 한편으로 현실이 허구에 의해 보충된다. 시를 읽는 것은 두 세계 간의 보충적 상호작용을 촉발시키는 행위이다. 이 행위로 인해 현실과 허구의 경계선은 흐릿해진다. "지진이 지나간 바닷가 마을에 작은 도서관 부스"는 그 흐릿한 경계선 위에 세워져 있다. "나는 부스에서 책을 읽으며 사람들이 돌아오길 기다"린다. 우리는 현실의 개입 없이 허구를 해석할 수 없고 허구의 개입 없이 현실을 이해할 수 없다. 세상을 읽든 책을 읽든 독서 활동이란 이 두 세계의 결핍을 상보적으로 보충함으로써 결국 이 두 세계의 경계를 횡단하는 작업에 지나지 않는다. 이번 시집은 이생에서 전생으로, 미래에서 현재로 부단히 "편지"를 띄우는 중이다. 그 "문장"은 "이곳"이 아닌 저곳, "지금"이 아닌 "오래전"을 반복해서 오가는 도중에 있는 것이다.

> 한참 동안 골목을 거닐고 돌아온 뒤
> 대문 앞에서 책을 읽는다
> 책은 자꾸만 시간을 뒤섞는다
> 모르는 집 앞을 기웃거리게 한다

지구를 떠난 사람이 생각났고 댓바람이 불었다

미래에서 내 목소리가 들려온다
대문을 열면 왠지 마당에 있던 사과 바구니에서
개가 내 이름을 부를 것 같았다

살았던 길을 다시 떠도는 중이었다

—「위미」 부분

 이제 시집의 서시라고 할 수 있는 「위미」라는 텍스트로 걸어 들어가 보자. 위미는 제주도 서귀포시 남원읍 위미리를 가리키는 듯하다. 시적 화자는 겨울 한낮의 바닷가를 "떠도는 중"이다. 시공간은 비현실적인 환상 속에서 펼쳐진다. "지난 생의 빛", "죽었던 나", "전생", "미래에서 내 목소리가 들려"온다는 표현을 통해 현실의 시공간이 이생과 전생, 그리고 미래가 뒤섞여 있는 곳임을 암시함으로써 시집의 전체적인 분위기를 다시금 환기한다. 시적 화자가 읽는 책이 "시간을 뒤섞"는 장치가 되기도 한다. 이 세계에서는 사과 바구니에 사과 향이 나는 돌이 들어 있고 돌에서 귀와 꼬리가 나오더니 개가 되기도 한다. 독자는 능동적인 독서 행위를 통해 작품의 미결정된 영역을 탐사하고 해석의 가능성을 현실화

하며 새롭게 재해석될 수 있는 작품의 역량을 펼친다. 문학 텍스트에서 텍스트 바깥을 가리키는 듯 보이는 모든 것은 실제로는 치밀하고도 자의적인 관계들의 지배를 받고 있으며, 텍스트 바깥은 환상 작용에 따른 착시효과에 지나지 않는다. 대상 지시적 환상은 사실주의적 관계와 약호의 자의성을 은폐함으로써 생겨나는 것이다. 이러한 환상을 허물기 위해 닮음의 수사학은 늘 우리를 유혹한다.

  내부에 갇힌 내부를 흔든다

  유리창에 붙어 있는 퍼즐 조각들 속
  앵무새와 도마뱀은 모르는 사이
  시간이 뒤섞인 사이

  부서진 지붕에서 울부짖으며 빠져나오지 못하는 새끼 고양이들, 안절부절 노부부, 퍼즐에는 지난 계절의 가뭄보다 더 마른 잎사귀들이 쌓인다

  철로를 바라보며 고래를 그린다
  사람의 다리는 꼬리를 닮아서 자꾸만 물길 쪽을 향한다

투명한 퍼즐 껴안고 지웠다 쓰는 그림자, 깊고 또 깊은
자국

금 간 바닥의 민들레 퍼즐이 온다
붉은 개미가 핀다
—「무른 감정의 무늬」 부분

여기서 닮음은 사람이 고래로 대체되는 근거가 된다. "철로를 바라보며 고래를 그린다/사람의 다리는 꼬리를 닮아서 자꾸만 물길 쪽을 향한다"는 시구는 아름다울 뿐만 아니라 사람과 물 혹은 자연의 원초적 끌림을 환기하는 묘미가 있다. 하지만 이번 시집이 전통적인 은유에서처럼 사소하고 우연적인 유사성에 기반해 있지는 않다. '마치 ~처럼의 왕국'으로서 이번 시집은 부적절한 주술관계에 담긴 의미론적 불협화음을 확산한다. "투명한 퍼즐"은 존재론적인 수수께끼를 받아 쓴 상형문자가 된다. 그것을 먼저 받아 쓴 시인 역시 독자의 한 사람으로서 우리와 함께 신탁을 해독하는 자가 되어야 한다는 점에서 시인 역시 한 사람의 독자일 뿐이다.

"금 간 바닥의 민들레 퍼즐이 온다", "붉은 개미가 핀다"에서처럼 이렇게 외적 요인으로서의 닮음이 아니라 "내부에 갇힌 내부를 흔"드는 손에 의해 내부는 외부가

된다. 그리하여 텍스트 세계는 거대한 물체 주머니 속의 문장들이다. "물체 주머니엔 해진 문장들이 많다."(「물체의 빛」) 시적 화자는 "너는 자꾸만 내가 물체로 변했다가 다시 돌아온다며 했던 이야기를 반복했다"라고 한다. '나'는 물체 주머니의 물체를 문장으로 꺼내주는 손에 불과하다.

반복해서 꺼내는 물체 주머니의 물체 혹은 문장은 죽음과 대면하는데 그것은 이름을 동반한다. "연풍軟風의 독백"(「맹그로브」)이 불어오는 어긋난 시간 속에서 "익숙한" "죽음이 찾아올 때마다 이름만 새겨지고" 있는 것이다. 이름은 무엇이기에 시는 이름을 부르는 일과 동일시되는가? 이름은 그것에 앞서 '전달되어야 할' 무엇이 있을 수 없다는 점에서 가장 앞선 언어이다. 조르조 아감벤은 "문헌학은 신화적 이름들을 단어로 바꾸는 동시에 연대기와 기계적 과정으로부터 역사를 구출해내는 것이다. (…) 우리는 이제 이것을 시의 손에 넘겨주어야 한다."[2]라고 강변한다. 여기서 '신화적 이름'은 올바른 이름을 갖지 못하는 상황을 가리킨다는 점에서 신화적 이름을 없애는 시인의 죽음에의 결단은 '새로운 유아기'

---

2 조르조 아감벤, 『유아기와 역사』, 조효원 옮김, 새물결, 2010, 249쪽.

를 위해 요청된다.³ 이미 낡은 이름을 죽음에의 도약을 통해 새롭게 부르는 권기덕의 시를 우리는 짐짓 '근원-도약Ur-Sprung'의 사건이라고 불러 보자. 그러고 나서 무슨 일이 일어나는지 지켜보자. 창밖에는 비가 내리는 중. "어느새 네 이름은 네 모습보다 더 흩날렸고 벽의 춘화 바깥으로 비가 내렸다"(「서우」)

---

3 조효원, 『부서진 이름(들)-발터 벤야민의 글상자』, 문학동네, 2013, 173~174쪽.

닮은 건 모두 아프고 달리아꽃만 붉었다
2025년 7월 11일 1판 1쇄 펴냄

지은이	권기덕
펴낸이	김성규
편집	조혜주 최주연
디자인	신혜연
펴낸곳	걷는사람
주소	경기도 용인시 기흥구 동백중앙로 358-6, 7층 (본사)
	서울 마포구 월드컵로16길 51 서교자이빌 304호 (지사)
전화	031 281 2602 / 02 323 2602
팩스	02 323 2603
등록	2016년 11월 18일 제25100-2016-000083호

ISBN 979-11-93412-99-2 04810
ISBN 979-11-89128-01-2 (세트)

* 이 책 내용의 전부 또는 일부를 재사용하려면 반드시 지은이와 출판사의 동의를 얻어야 합니다.
* 잘못된 책은 교환해 드립니다.